Nadjette Guidoum

gâteaux magiques

Photographies de David Japy
Stylisme de Sandra Mahut

PETITS PLATS MARABOUT

Les gâteaux en kit

La cuisine est dynamique, vivante, en perpétuelle évolution… Les ingrédients qui la composent se diversifient et sont de plus en plus nombreux sur les rayons de tous les points de vente ou presque. Pour réaliser ces gâteaux en kit, le choix est vaste et les produits très abordables.

Tous les gâteaux sont bons

Boudoirs, biscuits secs à la cuillère, au beurre, langues de chat, sablés, galettes, etc. Tout est prétexte à créer des desserts attrayants et savoureux. On tire parti de tous les gâteaux, biscuits, galettes et autres produits qui couvrent les rayons des grandes surfaces…

Les garnitures

On utilise à volonté les fruits frais et les fruits secs (rayon primeur), les fromages, yaourts et crèmes (rayon frais), et tous les produits prêts à l'emploi : nappages, coulis et sauces, décorations en tous genres au rayon pâtisserie, en grandes surfaces.
Le principe de préparation des gâteaux en kit permet d'ajouter ou non des parfums (extraits de fruit, arôme naturel, eau de fleurs concentrée, rhum, vodka, liqueur, kirsch, marsala, etc.). On doit quand même rester dans des proportions raisonnables pour ne pas dénaturer la composition.

Montage et décoration

L'avantage, avec les gâteaux en kit, c'est que presque tous les assemblages sont possibles. À partir de chaque recette proposée dans cet ouvrage, on peut réaliser de nombreuses variantes, notamment en jouant avec les produits : biscuits, crèmes, garnitures ; etc. La décoration fait aussi partie intégrante de la recette, elle est même primordiale dans certaines préparations. On prendra ce livre comme une boîte à outil qui permet de réaliser des montages originaux avec les ingrédients de son choix.

La gélatine

Elle est vendue sous forme de feuilles, de granules ou de poudre. Certaines formes de gélatine peuvent être ajoutées directement dans la préparation, d'autres doivent d'abord être trempées dans l'eau.
La variété la plus courante en France est la gélatine en feuilles ou en poudre, d'origine porcine (en vente au rayon pâtisserie des grandes surfaces).
Il existe aussi de la gélatine kasher ou halal (en poudre ou en granulés), préparée à partir de poisson ou de bœuf (épiceries orientales). Pour les végétariens, on trouve des produits végétaux comme l'agar-agar, à base d'algues marines ; ce dernier est vendu dans certaines grandes surfaces (rayon épices) mais aussi dans les magasins diététiques et les épiceries asiatiques (en poudre, flocons, barres ou filaments).

Préparer la gélatine en feuilles

Faire tremper les feuilles 5 à 10 minutes dans de l'eau froide. Les égoutter et bien les presser puis les incorporer à la préparation chaude, mais non bouillante. Remuer jusqu'à complète dissolution. Pour incorporer la gélatine dans une préparation froide, il faut d'abord la faire fondre quelques minutes au bain-marie.

Préparer la gélatine en poudre

Verser le contenu du sachet dans un peu d'eau froide (2 à 4 cuillerées à soupe) et laisser gonfler 2 minutes. Bien mélanger ensuite avec la préparation chaude.

Préparer l'agar-agar

Faire bouillir l'agar-agar 2 minutes dans un liquide avant de l'incorporer à la préparation.

pavés aux petits-beurre et au café

Pour 6 personnes
Préparation : 45 minutes la veille
Réfrigération : 12 heures

45 petits-beurre
25 cl de café très fort
250 g de beurre ramolli + 10 g pour le glaçage
150 g de sucre glace + 100 g pour le glaçage
2 œufs
1 cuillerée à café d'essence de café
1 petite cuillerée de café soluble
2 cuillerées à soupe d'eau

Pour la décoration :
Copeaux de chocolat

La crème. Casser les œufs en séparant les blancs des jaunes. Fouetter le beurre avec les jaunes, ajouter le sucre glace et l'extrait de café, fouetter encore jusqu'à ce que le mélange blanchisse. Battre les blancs en neige ferme avec 1 pincée de sel. Les incorporer délicatement à la crème au beurre.

Le glaçage. Dans un petit saladier, mélanger le sucre glace, le beurre, le café et l'eau. Faire fondre au bain-marie en remuant avec une cuillère en bois pour obtenir un fondant onctueux.

L'assemblage. Verser le café tiède dans une assiette creuse, tremper dedans 9 petits-beurre l'un après l'autre et les déposer au fur et à mesure dans un plat, côte à côte, en formant 3 rangées de 3 petits-beurre. Recouvrir d'une couche de crème au beurre.

Monter le gâteau en répétant l'opération quatre fois de suite et terminer par les biscuits. Napper le gâteau d'une fine couche de glaçage.

Au moment de servir. Mettre au frais 12 heures. Au moment de servir, décorer de copeaux de chocolat.

délice aux noix

Pour 6 personnes
Préparation : 20 minutes la veille
Réfrigération : 12 heures

250 g de biscuits à la cuillère
125 g de beurre ramolli
80 g de sucre en poudre
75 g de cerneaux de noix concassés
2 jaunes d'œufs
4 cuillerées à soupe de café très fort

Pour la décoration :
125 g de glaçage au café ou au chocolat prêt à l'emploi
8 cerneaux de noix

La base. Passer les biscuits au mixeur pour les réduire en poudre. Les mettre avec le sucre dans un saladier, ajouter le beurre et travailler à la fourchette pour obtenir un mélange homogène. Incorporer les jaunes d'œufs, les noix et le café.

L'assemblage. Tapisser de film alimentaire un moule à manqué (18 cm de diamètre). Verser le mélange aux noix dans le moule en tassant bien. Mettre au réfrigérateur jusqu'au lendemain.

Au moment de servir. Démouler le gâteau sur un plat à dessert rond. Enlever doucement le film alimentaire en faisant attention à ne pas abîmer le gâteau. Faire couler le glaçage sur le gâteau et décorer avec les cerneaux de noix entiers.

Les variantes. Pour un gâteau plus fort en chocolat, remplacer les biscuits à la cuillère par des biscuits nappés de chocolat et diviser par deux la quantité de café. On peut aussi utiliser des amandes à la place des noix.

gâteau léger aux framboises

Pour 6 personnes
Préparation : 50 minutes la veille
Réfrigération : 12 heures

200 g de framboises fraîches ou surgelées
20 cl de jus d'orange
14 grosses madeleines
4 jaunes d'œufs
50 g de sucre en poudre
50 cl de lait
15 cl de crème fleurette
Gélatine (6 feuilles ou 6 cuillerées à soupe de granulés ou 3 sachets en poudre)

Pour la décoration :
Quelques framboises entières
50 cl de coulis de fruits rouges

La crème. Fouetter les jaunes d'œufs avec le sucre jusqu'à ce que le mélange blanchisse.
Faire chauffer le lait dans une casserole puis incorporer progressivement le mélange aux œufs. Sans cesser de remuer, faire épaissir la crème pendant 3 minutes. Attention, elle ne doit pas bouillir. Faire dissoudre la gélatine avant de la mélanger avec la crème encore chaude.
Verser la crème fleurette dans un petit saladier. La monter en crème fouettée au batteur électrique avant de la mélanger avec la préparation aux œufs.
L'assemblage. Étaler une couche de crème dans un moule à manqué (20 cm de diamètre).
Couper les madeleines en deux dans la longueur. Tremper la moitié des madeleines dans le jus d'orange et les disposer au fur et à mesure sur la crème. Répartir les framboises dessus. Verser une nouvelle couche de crème et couvrir avec le reste des madeleines imbibées de jus d'orange.
Le repos. Couvrir avec une assiette et poser un poids dessus. Mettre au réfrigérateur pendant 12 heures au moins.
Au moment de servir. Démouler le gâteau sur un plat. Napper de coulis de fruits rouges et décorer avec les framboises entières. Servir très frais.

fraisier sans cuisson

Pour 6 personnes
Préparation : 45 minutes la veille
Réfrigération : 24 heures

30 fraises
70 cl de crème fleurette
50 cl de jus d'orange
30 biscuits à la cuillère (environ)
Gélatine (3 feuilles ou 3 cuillerées à soupe de granulés ou 1 sachet en poudre)

Pour la décoration :
15 cl de coulis de fraise
10 fraises
Crème chantilly prête à l'emploi

La crème aux fraises. Rincer les fraises, bien les essuyer et en garder 14 de la même taille pour fourrer le gâteau. Équeuter les autres fraises et les mixer avec le sucre. Faire fondre la gélatine avec 4 cuillerées à soupe de jus d'orange. Incorporer à la purée de fraises. Au batteur électrique, monter la crème fleurette en crème fouettée. Mélanger avec la purée de fraises et réserver au réfrigérateur.

L'assemblage. Verser le reste du jus d'orange dans une assiette creuse. Plonger rapidement les biscuits dedans avant de les disposer bien serrés dans le fond d'un moule carré (18 cm de côté) tapissé de film alimentaire.

Couper en deux les fraises mises de côté après avoir enlevé les queues. Répartir 16 moitiés de fraises tout autour du moule en pressant bien la face coupée contre la paroi.

Verser la moitié de la crème, garnir avec 12 moitiés de fraises et couvrir avec le reste de crème. Plonger rapidement le reste des biscuits dans le jus d'orange et les poser en rangées sur la crème.

Le repos. Réserver toute une nuit au réfrigérateur, dans le compartiment le plus froid. Le lendemain, pour démouler facilement le gâteau, le mettre 1 heure au congélateur, pas plus !

Au moment de servir. Retourner délicatement le gâteau sur un plat de service, enlever le film alimentaire et étaler la crème chantilly sur le dessus. Décorer le gâteau en disposant les fraises coupées en deux sur la chantilly. Servir très frais avec le coulis.

gâteau aux kiwis

Pour 6 personnes
Préparation : 35 minutes la veille
Réfrigération : 12 heures

400 g de gros biscuits à la cuillère
6 kiwis
200 g de crème fraîche
180 g de confiture de fraises
Gélatine (1 feuille ou 1 cuillerée à soupe de granulés ou 1 demi-sachet en poudre)

La crème. Faire fondre la gélatine. Dans une terrine, mélanger la crème fraîche et la confiture avant d'ajouter la gélatine.
L'assemblage. Couper 15 biscuits en deux et les mettre debout dans un moule à manqué (diamètre 18 cm) en les appuyant bien contre la paroi, le bord arrondi sur le fond du moule. Peler 4 kiwis et les couper en rondelles. En glisser une entre chaque biscuit.
Utiliser une partie des biscuits entiers pour tapisser le fond du moule. Verser la crème fraîche à la confiture et couvrir avec les biscuits restants en les serrant bien les uns contre les autres.
Le repos. Couvrir d'une petite assiette et poser un poids dessus. Mettre au moins 12 heures au réfrigérateur.
Au moment de servir. Démouler le gâteau sur un plat. Peler les kiwis restants et les couper en rondelles pour décorer le centre du gâteau.

gâteau tricolore

Pour 6 personnes
Préparation : 20 minutes
Réfrigération : 3 heures

80 g de chocolat noir
80 g de chocolat au lait
80 g de chocolat blanc
60 cl de crème anglaise prête à l'emploi
30 cl de crème fraîche épaisse
3 blancs d'œufs
Gélatine (3 feuilles ou 3 cuillerées à soupe de granulés
ou 1 sachet en poudre)

Pour la décoration :
Nappage au chocolat

La crème. Verser la crème anglaise dans une terrine et la mélanger avec la gélatine qu'on aura d'abord fait dissoudre.
Monter la crème fraîche en crème fouettée. Ajouter à la crème anglaise. Répartir le mélange dans trois petits saladiers.
L'assemblage. Faire fondre le chocolat noir au bain-marie puis l'ajouter dans un des saladiers. Battre un blanc d'œuf en neige ferme et l'incorporer au mélange au chocolat noir. Verser dans un moule à cake et lisser la surface. Faire durcir 30 minutes au congélateur.
Pendant ce temps, préparer de la même manière un mélange au chocolat blanc qu'on verse sur la crème au chocolat noir. Remettre le moule 30 minutes au congélateur.
Préparer enfin un dernier mélange avec le chocolat au lait en procédant comme précédemment. Verser la mousse obtenue dans le moule, couvrir d'un film alimentaire et réserver au moins 2 heures au réfrigérateur.
Au moment de servir. Démouler le gâteau. Napper de chocolat noir ou blanc et servir aussitôt.

gâteau au chocolat et aux fruits secs

Pour 6 personnes
Préparation : 20 minutes
Réfrigération : 4 heures

200 g de galettes bretonnes
200 g de chocolat noir
80 g de raisins secs
80 g de pistaches décortiquées
50 g d'amandes en poudre
50 g de beurre
20 cl de crème fraîche liquide

Pour la décoration :
3 cuillerées à soupe de cacao en poudre

La préparation. Rincer les raisins secs avant de les faire gonfler dans un peu d'eau chaude. Tapisser de film alimentaire un moule à manqué (diamètre 18 cm). Broyer grossièrement les biscuits puis les pistaches au mixeur.
La pâte au chocolat. Concasser le chocolat noir pour le faire fondre au bain-marie avec le beurre. Quand le mélange est lisse, incorporer la crème liquide puis les amandes en poudre.
L'assemblage. Ajouter les raisins secs bien égouttés, puis les biscuits et les pistaches. Mélanger encore. Verser la préparation dans le moule, couvrir de film alimentaire et mettre au moins 4 heures au réfrigérateur.
Au moment de servir. Démouler le gâteau. Saupoudrer de cacao et servir très frais, sans attendre.

marquises au chocolat

Pour 4 personnes
Préparation : 25 minutes
Réfrigération : 5 heures

250 g de chocolat noir
175 g de beurre
80 g de sucre en poudre
4 œufs
1 cuillerée à café de sucre glace
Sel

Pour la décoration :
Chocolat noir râpé
50 cl de crème anglaise prête à l'emploi

La crème au chocolat. Casser le chocolat en gros morceaux pour le faire fondre avec le beurre, dans un bain-marie ou au micro-ondes (1 minute à puissance maximale). Bien mélanger. Laisser refroidir quelques minutes.

Casser les œufs en séparant les jaunes et les blancs. Dans une terrine, fouetter les jaunes avec 80 g de sucre jusqu'à ce que le mélange blanchisse. Ajouter le chocolat fondu.

L'assemblage. Monter les blancs en neige très ferme avec 1 pincée de sel et le sucre glace. Mélanger délicatement avec la préparation au chocolat en soulevant la masse avec une cuillère en bois.Tapisser de film alimentaire un moule à charlotte (diamètre 14 cm) ou 4 petits moules. Verser la mousse au chocolat dedans, lisser le dessus avec une spatule et mettre au moins 5 heures au réfrigérateur.

Au moment de servir. Démouler sur un joli plat, décorer de chocolat râpé et servir aussitôt avec la crème anglaise.

marbré au chocolat

Pour 6 personnes
Préparation : 40 minutes
Réfrigération : 3 h 30

Pour la pâte :
250 g de riz soufflé
50 g de chocolat noir ou au lait
50 g de beurre
50 g d'amandes en poudre

Pour la garniture :
300 g de fromage blanc
140 g de chocolat noir
140 g de chocolat blanc
100 g de sucre en poudre
20 cl de crème fraîche épaisse
Gélatine (2 feuilles ou 2 cuillerées à soupe de granulés ou 1 sachet en poudre)

La pâte. Casser le chocolat en gros morceaux pour le faire fondre au bain-marie avec le beurre. Répartir le riz soufflé et les amandes en poudre dans une terrine. Verser le chocolat fondu par-dessus et bien mélanger avec une spatule.
Étaler la pâte dans un moule démontable. Égaliser avec le dos d'une cuillère et tasser en tapotant le fond du moule sur le plan de travail. Faire prendre 30 minutes au réfrigérateur.
La garniture. Dans un saladier, bien mélanger le fromage blanc et le sucre. Monter la crème fraîche en crème fouettée avant de l'incorporer au fromage blanc. Ajouter enfin la gélatine que l'on aura d'abord fait fondre. Répartir la garniture dans 2 petits saladiers.
L'assemblage. Faire fondre séparément le chocolat blanc et le chocolat noir au bain-marie. Mélanger un saladier de garniture avec le chocolat noir, l'autre avec le chocolat blanc. Verser les deux crèmes dans le moule, sur la pâte, et remuer avec la pointe d'un couteau pour donner un effet marbré. Lisser le dessus avant de laisser le gâteau au frais 3 heures au moins. Servir très frais.

Biscuit
au Lait

marbré aux petits-beurre

Pour 6 personnes
Préparation : 25 minutes
Réfrigération : 12 heures

200 g de petits-beurre
150 g de chocolat noir
120 g de beurre
80 g de sucre en poudre
2 œufs
3 gouttes d'extrait de vanille

Pour la décoration :
Petits-beurre
Sucre glace

La pâte au chocolat. Casser grossièrement le chocolat pour le faire fondre avec le beurre au bain-marie. Lisser avec une spatule souple.
Dans un saladier, casser les biscuits en petits morceaux. Ajouter le sucre en poudre, le chocolat fondu, les œufs battus et l'extrait de vanille. Bien mélanger.
L'assemblage. Tapisser de film alimentaire le fond et les parois d'un moule à cake rectangulaire. Transférer la préparation dans le moule et égaliser le dessus avec le dos d'une cuillère. Réserver 12 heures au réfrigérateur.
Au moment de servir. Démouler le gâteau, poser dessus deux ou trois petits beurres, saupoudrer complètement de sucre glace et servir très frais.

gâteau aux noisettes

Pour 6 personnes
Trempage : 1 nuit l'avant-veille
Préparation : 45 minutes la veille
Réfrigération : 12 heures

125 g de gaufrettes fourrées vanille, praline ou chocolat
125 g de beurre
125 g de chocolat noir
250 g de mascarpone
100 g de sucre en poudre
100 g de noisettes décortiquées
40 g d'abricots secs

Pour la décoration :
Cacao
Sucre glace
Noisettes décortiquées et broyées

Le trempage. Deux jours avant, laver les abricots secs, les mettre dans un petit saladier et les couvrir d'eau. Laisser tremper toute la nuit.

La préparation. Débarrasser les noisettes des petites peaux fines qui les recouvrent avant de les réduire en poudre. Mixer les gaufrettes. Égoutter et sécher les abricots secs, les couper en petits morceaux.

La pâte. Casser grossièrement le chocolat pour le faire fondre avec le beurre au bain-marie ou au micro-ondes (1 minute à puissance maximale).

Battre le mascarpone avec le sucre dans un saladier. Ajouter le chocolat fondu, les gaufrettes pulvérisées, les noisettes en poudre et les abricots secs. Bien mélanger.

L'assemblage. Tapissez de film alimentaire un petit moule à manqué (diamètre 15 cm). Versez la pâte dedans. Tasser bien et lisser la surface avec le dos d'une cuillère. Réserver au réfrigérateur jusqu'au lendemain.

Au moment de servir. Démouler le gâteau sur un plat et retirer soigneusement le film. Saupoudrer de cacao et de sucre glace, parsemer enfin de noisettes broyées.

cheesecake au citron

Pour 6 personnes
Préparation : 35 minutes
Réfrigération : 3 heures

250 g de biscuits sablés
100 g de beurre ramolli
150 g de fromage blanc
50 g de sucre
30 cl de crème fleurette
2 œufs
3 gouttes de colorant vert ou jaune
Gélatine (3 feuilles ou 3 cuillerées à soupe de granulés ou 1 sachet en poudre)
Le zeste de 1 citron

Pour la décoration :
Vermicelles de sucre colorés

Le biscuit. Huiler le fond et les côtés d'un grand moule rond, si possible démontable (diamètre 25 cm). Passer les biscuits au mixeur avant de les mettre dans un saladier. Ajouter le beurre et bien mélanger. Répartir cette pâte dans le fond du moule. Égaliser la surface avec le dos d'une cuillère et mettre au réfrigérateur.

La garniture. Faire fondre la gélatine. Casser les œufs, séparer les jaunes des blancs. Dans une terrine, mélanger les jaunes avec le sucre et le zeste de citron. Incorporer le fromage blanc, bien mélanger encore puis ajouter la gélatine.

Mettre dans un petit saladier la crème fleurette et le colorant alimentaire, monter en crème fouettée. Mélanger avec le fromage blanc.

Battre les blancs d'œufs en neige ferme avant de les incorporer au mélange précédent.

L'assemblage. Sortir le biscuit du réfrigérateur et le recouvrir de crème, lisser la surface et remettre au frais au moins 3 heures.

Au moment de servir. Démouler délicatement le gâteau. Le couper en 12 parts égales et le décorer de vermicelles colorés.

Les variantes. Remplacer le zeste de citron par du sirop de menthe ou de fraise ; pour la décoration, choisir alors des vermicelles de chocolat.

cheesecake aux abricots

Pour 6 personnes
Préparation : 45 minutes
Réfrigération : 4 heures

250 g de biscuits sablés
100 g de beurre ramolli
300 g de fromage blanc
100 g de sucre
30 cl de crème fleurette
20 oreillons d'abricots en bocal
15 cl de jus d'orange
Gélatine (3 feuilles ou 3 cuillerées à soupe de granulés ou 1 sachet en poudre)
2 gouttes d'essence de vanille

Pour la décoration :
Cacao en poudre

La préparation. Huiler le fond et les parois d'un moule rond démontable (diamètre 18 cm). Égoutter les oreillons d'abricots. En réserver 6 pour la décoration et couper les autres en deux.
Le biscuit. Passer les biscuits au mixeur, verser la poudre obtenue dans un saladier puis la mélanger avec le beurre. Répartir cette pâte dans le fond du moule. Lisser la surface avec le dos d'une cuillère.
Disposer régulièrement les quartiers d'abricots sur la pâte. Réserver au réfrigérateur.
La garniture. Faire fondre la gélatine dans le jus d'orange. Dans une terrine, mélanger le fromage blanc, le sucre et l'extrait de vanille avant d'ajouter la gélatine.
Monter la crème fraîche en crème fouettée. Bien l'incorporer avec le fromage blanc en travaillant délicatement.
L'assemblage. Sortir le biscuit du réfrigérateur et recouvrir les abricots du mélange au fromage blanc. Égaliser la surface. Remettre le gâteau au frais pendant 4 heures au moins.
Au moment de servir. Démouler délicatement le gâteau sur un plat. Décorer le dessus avec les oreillons d'abricots réservés et dessiner au pochoir des motifs avec du cacao en poudre. Savourer sans attendre.

tiramisu

Pour 6 personnes
Préparation : 30 minutes
Réfrigération : 5 heures

26 biscuits à la cuillère
30 cl de café fort
300 g de mascarpone
30 cl de crème fraîche épaisse
3 œufs
80 g de sucre en poudre
4 cuillerées à soupe de cacao
50 g de chocolat noir
Le zeste de 1 demi-citron

La préparation. Râper finement le chocolat noir et le mélanger au cacao. Couvrir de film alimentaire le fond et les parois d'un moule à cake rectangulaire (longueur 20 cm). On peut aussi servir le tiramisu dans des verres ; dans ce cas, il n'est pas nécessaire de mettre un film alimentaire au fond.

La crème. Casser les œufs et séparer les blancs des jaunes. Fouetter les jaunes avec le sucre jusqu'à ce que le mélange blanchisse. Ajouter le mascarpone et la crème fraîche, bien mélanger puis incorporer le zeste de citron.

Battre les blancs d'œufs en neige ferme avec 1 pincée de sel. Les ajouter délicatement au mélange au mascarpone, en soulevant la préparation avec une cuillère en bois.

L'assemblage. Tremper rapidement les biscuits dans le café. Tapisser les parois puis le fond du moule avec ces biscuits (ou bien mettre les biscuits recoupés en deux au fond des verres). Verser la moitié de la crème au mascarpone, recouvrir de biscuits trempés dans le café, saupoudrer le mélange de chocolat râpé et cacao (en garder la moitié pour décorer), napper avec le reste de crème.

Lisser avec le dos d'une cuillère. Mettre le tiramisu au moins 5 heures au réfrigérateur.

Au moment de servir. Si nécessaire, démouler le tiramisu sur un plat et enlever le film. Saupoudrer le dessus du reste de chocolat et de cacao en poudre.

puddings poires-chocolat

Pour 6 personnes
Préparation : 20 minutes
Réfrigération : 4 heures

8 demi-poires au sirop (en bocal)
150 g de beurre ramolli
180 g d'amandes en poudre
100 g de sucre glace
2 gouttes d'extrait de vanille

Pour la décoration :
125 g de glaçage au chocolat

La crème aux poires. Égoutter les demi-poires puis les poser sur un linge. Réserver le sirop. Dans une terrine tiède, travailler en crème le beurre et le sucre glace. Incorporer l'extrait de vanille et les amandes, fouetter 3 minutes pour obtenir un mélange crémeux puis ajouter les poires coupées en petits cubes.
L'assemblage. Avec un pinceau, badigeonner le moule à charlotte de sirop de poire. Verser la préparation dans un moule à charlotte (diamètre 14 cm) ou dans six moules individuels. Bien tasser, recouvrir d'une assiette ou d'une soucoupe et poser un poids dessus. Mettre 4 heures au moins au réfrigérateur.
Au moment de servir. Démouler les puddings sur un plat. Napper de glaçage au chocolat. Manger très frais.

pudding aux fruits rouges

Pour 6 personnes
Préparation : 20 minutes la veille
Réfrigération : 12 heures

14 tranches de brioche
150 g de framboises (fraîches ou surgelées)
150 g de mûres (fraîches ou surgelées)
150 g de fraises des bois (fraîches ou surgelées)
100 g de sucre en poudre

Pour la décoration :
Fruits rouges lavés et séchés

La garniture. Enlever les queues des framboises, des mûres et des fraises, rincer rapidement les fruits sous l'eau froide, les égoutter soigneusement.
Mettre les fruits dans une casserole avec le sucre et laisser frémir 5 minutes. Retirer la casserole du feu pour ajouter 4 tranches de brioche coupées en petits morceaux. Bien mélanger.
L'assemblage. Tapisser de film alimentaire un petit moule à charlotte (diamètre 14 cm). Recouvrir le fond du moule de tranches de brioche entières et monter le pudding en alternant les fruits rouges. Terminer par deux couches de brioche. Bien tasser et couvrir d'une assiette retournée. Poser un poids dessus. Mettre au moins 12 heures au réfrigérateur.
Au moment de servir. Démouler le pudding sur un plat de service et enlever le film alimentaire. Mettre quelques fruits rouges sur le pudding pour décorer.

pudding aux biscuits roses

Pour 6 personnes
Préparation : 1 heure la veille
Réfrigération : 12 heures

Pour la crème au chocolat :
125 g de chocolat blanc ou noir
100 g de beurre
30 g de sucre glace
30 g d'amandes en poudre
2 œufs (1 jaune + 2 blancs)

Pour la pâte rose :
22 biscuits roses de Reims
80 g de beurre ramolli
30 g de sucre en poudre
2 jaunes d'œufs

Pour la décoration :
6 biscuits roses de Reims
15 cl de jus d'orange ou de sirop
Sucre glace
Sauce au chocolat ou coulis de fruits

La crème au chocolat. Casser les œufs et séparer les jaunes des blancs. Faire fondre le chocolat au bain-marie avec le beurre. Ajouter le sucre glace et le jaune d'œuf, bien remuer et verser la poudre d'amandes. Incorporer les blancs battus en neige ferme avec 1 pincée de sel.
La pâte rose. Réduire en poudre les biscuits. Les mélanger avec le beurre, le sucre et les jaunes d'œufs. Verser 15 cl d'eau et travailler au fouet pour former une pâte homogène.
L'assemblage. Tapisser un petit moule à charlotte (diamètre 14 cm) avec du film alimentaire. Tailler en pointe les biscuits réservés pour la décoration, les tremper dans le jus d'orange et les disposer en rosace au fond du moule. Alterner en couches successives le mélange au chocolat et la pâte rose, couvrir d'un film alimentaire et mettre au réfrigérateur jusqu'au lendemain.
Au moment de servir. Démouler le pudding, retirer le film alimentaire et saupoudrer la rosace de sucre glace. Servir avec la sauce au chocolat ou le coulis de fruits.

pavés aux noix

Pour 4 personnes
Préparation : 30 minutes

Pour la pâte d'amandes :
250 g d'amandes en poudre
150 g de sucre glace tamisé
2 blancs d'œufs

Pour la garniture :
300 g de petits-beurre
100 g de beurre ramolli
150 g de noix
4 cuillerées à soupe de miel
5 cuillerées à soupe d'eau de fleur d'oranger
2 gouttes d'extrait de vanille

Pour la décoration :
Quelques cerneaux de noix

La pâte d'amandes. Mélanger dans une terrine les amandes et le sucre glace.
Ajouter les blancs d'œufs et mélanger bien pour obtenir une pâte lisse et facile à travailler. Diviser cette pâte en deux, saupoudrer de sucre glace et réserver à température ambiante.
La garniture. Réduire en poudre les petits-beurre et les noix. Verser le tout dans une terrine et mélanger avec le beurre, l'extrait de vanille et le miel. Humecter d'eau de fleur d'oranger avant de travailler les ingrédients à la main pour former une pâte homogène.
L'assemblage. Saupoudrer le plan de travail de sucre glace. Abaisser au rouleau les deux portions de pâte d'amandes et former deux feuilles rectangulaires de 5 mm d'épaisseur.
Sur la première, étaler la garniture aux noix sur une hauteur de 1 cm. Couvrir avec la seconde feuille de pâte d'amandes, saupoudrer de sucre glace et couper en petits pavés.
Au moment de servir. Décorer chaque pavé avec un cerneau de noix, présenter sur une assiette de service et déguster frais.
Les variantes. On peut remplacer les noix par des amandes, des noisettes ou des cacahuètes.

pavés aux dattes

Pour 4 personnes
Préparation : 20 minutes
Réfrigération : 5 heures

300 g de pâte de dattes molle
100 g de biscuits secs
100 g de beurre ramolli
80 g de pistaches
1 jaune d'œuf

La pâte. Dans un mixeur, réduire en poudre les biscuits. Hacher grossièrement les pistaches. Découper la pâte de dattes en petits morceaux.
Mélanger la poudre de biscuits, la pâte de datte et les pistaches. Ajouter le jaune d'œuf. Faire fondre le beurre 30 secondes au micro-ondes puis le verser aussitôt sur le mélange aux pistaches. Bien remuer.
L'assemblage. Tapisser de film alimentaire le fond et les parois d'un petit moule carré. Tasser la pâte dans le moule sur une hauteur de 1,5 cm.
Le repos. Mettre la pâte au moins 2 heures au réfrigérateur puis la détailler en petits carrés sans la démouler. Le remettre au moins 3 heures au frais.
Au moment de servir. Retourner le moule sur un plat, décoller le film alimentaire et présenter les pavés sur un plateau.

pavé à la noix de coco

Pour 4 personnes
Préparation : 25 minutes
Réfrigération : 30 minutes

200 g de noix de coco
100 g de chocolat blanc
50 g de sucre glace
2 blancs d'œufs
1 cuillerée à soupe d'huile
100 g de confiture de fraises

Pour la décoration :
5 cuillerées à soupe de miel
Copeaux de chocolat, fruits confits, cacao en poudre ou noix de coco râpée
Coulis de fruits rouges

La pâte. Casser le chocolat en morceaux pour le faire fondre au bain-marie avec l'huile.
Monter les blancs en neige ferme avec 1 pincée de sel.
Mélanger dans une terrine la noix de coco et le sucre, ajouter le chocolat fondu puis les blancs en neige.
L'assemblage. Couvrir de film alimentaire le fond et les parois d'un moule carré (18 cm de côté).
Étaler la moitié de la pâte dans le moule, lisser la surface avec le dos d'une cuillère et napper de confiture. Couvrir avec le reste de pâte et mettre au moins 30 minutes au réfrigérateur.
La décoration. Avec un pinceau de cuisine, badigeonner de miel dessus du gâteau.
Décorer de copeaux de chocolat, de fruits confits, de cacao ou de noix de coco râpée.
Servir le gâteau tel quel ou découpé en petits pavés. Proposer le coulis de fruits rouges à part.

charlotte aux cerises

Pour 6 personnes
Préparation : 30 minutes
Réfrigération : 6 heures

30 biscuits à la cuillère
300 g de crème pâtissière prête à l'emploi
20 cl de crème fraîche
500 g de cerises bigarreaux dénoyautées au sirop

Pour la décoration :
Quelques cerises au sirop

La crème aux cerises. Égoutter les cerises et réserver le jus. Au fouet électrique, monter la crème fraîche en crème fouettée. Ajouter délicatement la crème pâtissière puis les cerises.
L'assemblage. Tapisser de film alimentaire un moule à charlotte (diamètre 20 cm). Plonger rapidement les biscuits dans le sirop avant de les disposer dans le moule, sur les parois et sur le fond, face bombée vers l'intérieur.
Verser la moitié de la crème aux cerises dans le moule, couvrir de biscuits imbibés de sirop, ajouter le reste de crème et terminer par une couche de biscuits imbibés. Réserver au moins 6 heures au réfrigérateur.
Au moment de servir. Retourner la charlotte sur un plat pour la démouler. Retirer le film alimentaire, disposer au centre un petit dôme de cerises au sirop bien égouttées et servir sans attendre

charlotte aux langues de chat

Pour 6 personnes
Préparation : 30 minutes
Réfrigération : 4 heures

60 langues de chat
100 g de chocolat noir
40 g de sucre en poudre
4 œufs
Sel

Pour la décoration :
Crème chantilly

La mousse au chocolat. Casser le chocolat en petits morceaux pour le faire fondre au bain-marie.
Casser les œufs et séparer les blancs des jaunes. Fouetter les jaunes avec le sucre puis ajouter le chocolat fondu.
Battre les blancs en neige ferme avec 1 pincée de sel et les incorporer délicatement au mélange au chocolat. Mettre 1 heure au réfrigérateur.
L'assemblage. Couvrir de film alimentaire le fond et les parois d'un moule à charlotte (diamètre 20 cm). Tapisser le moule de langues de chat, face bombée vers l'extérieur.
Verser la mousse dans le moule avant de la recouvrir complètement de langues de chat. Réserver 3 heures au réfrigérateur.
Au moment de servir. Retourner la charlotte sur un plat pour la démouler. Enlever le film alimentaire et décorer de crème chantilly. Servir aussitôt, très très frais.

gâteau aux corn-flakes

Pour 4 personnes
Préparation : 20 minutes
Réfrigération : 2 heures

200 g de corn-flakes
350 g de chocolat noir ou au lait
20 g de beurre

La pâte du gâteau. Casser le chocolat en gros morceaux pour le faire fondre au bain-marie avec le beurre.
Mettre les corn-flakes dans une terrine, verser le chocolat fondu et bien mélanger avec une spatule pour enrober les corn-flakes de chocolat.
L'assemblage. Couvrir de film alimentaire le fond et les parois d'un moule. Verser la pâte dans le moule et égaliser la surface avec le dos d'une cuillère. Tapoter le moule sur le plan de travail pour tasser le mélange.
Le repos. Faire prendre 2 heures au réfrigérateur. Démouler et servir aussitôt.

tarte sablée aux noix

Pour 6 personnes

Réduire en poudre 100 g de petits-beurre, 100 g de sablés aux amandes et 80 g de cerneaux de noix. Ajouter 2 cuillerées à soupe de cacao puis 110 g de beurre ramolli, bien mélanger. Étaler la pâte sur le fond et les bords du moule. Presser avec le dos d'une cuillère pour lisser la pâte. Réserver au réfrigérateur.

Garniture fruits rouges. Préparer la gélatine avec 4 feuilles ou 4 cuillerées à soupe de granulés ou 2 sachets en poudre. Verser 30 cl de coulis de fruits rouges et 1 cuillerée à soupe de jus de citron dans un saladier. Faire chauffer le coulis 1 minute au micro-ondes (puissance maximale). Ajouter la gélatine et bien mélanger. Repasser la préparation 10 secondes au micro-ondes, mélanger encore et réserver.
Dans une terrine, fouetter 60 g de fromage blanc avec 20 g de sucre en poudre pour obtenir une mousse légère. Incorporer à la gelée de fruits rouges.
Verser 30 g de crème liquide dans une petite terrine, ajouter 15 g de sucre glace et monter le mélange en chantilly avec un fouet électrique. Incorporer cette chantilly à la préparation aux fruits rouges.
Répartir 300 g de confiture de fruits rouges (mûre, myrtille, framboise ou fraise) sur le fond de la tarte. Recouvrir de crème et réserver au moins 3 heures au réfrigérateur.
Au moment de servir, décorer la tarte de fruits rouges frais : petites mûres, framboises et grappes de myrtille ou groseilles.

Garniture chocolat. Râper grossièrement 60 g de zestes d'oranges confits. Couvrir le fond du moule de 6 cuillerées à soupe d'amandes en poudre. Ajouter 50 g de zestes d'oranges confits puis faire couler 240 g de glaçage au chocolat fondu. Lisser le dessus. Décorer avec le reste du zeste râpé et mettre 1 heure au réfrigérateur avant de servir.

Garniture poire. Égoutter 4 poires au sirop et les couper en fines lamelles. Napper généreusement le fond de tarte avec 300 g de crème pâtissière « fond de tarte » prête à l'emploi (saveur vanille). Disposer les lamelles de poires sur la crème.
Faire fondre 30 secondes au micro-ondes 4 cuillerées à soupe de confiture d'abricot ou 1 sachet de glaçage pour tarte (vérifier les indications figurant sur le paquet). Étaler ce glaçage au pinceau puis réserver 1 heure au réfrigérateur avant de servir.

tarte aux biscuits secs

Pour 6 personnes

Au mixeur, réduire en poudre 200 g de biscuits secs type « casse-croûte » et 25 g de noix de coco râpé. Ajouter 100 g de beurre ramolli et bien mélanger. Étaler cette pâte sur le fond et les bords du moule. Tasser avec le dos d'une cuillère. Réserver au réfrigérateur.

Garniture banane chocolat. Couper 3 bananes en rondelles et les retourner dans 4 cuillerées à café de jus de citron. Napper le fond de tarte avec 120 g de chocolat fondu prêt à l'emploi. Disposer presque toutes les rondelles de bananes sur le chocolat, recouvrir de 100 g de chantilly, saupoudrer de 50 g de noix de coco et décorer avec les rondelles de bananes restantes. Réserver 1 heure au réfrigérateur avant de servir.

Garniture pamplemousse. Mélanger 3 cuillerées à soupe de sucre en poudre et 300 g de fromage blanc battu. À l'aide d'un batteur, monter 20 cl de crème fleurette en chantilly en ajoutant peu à peu 2 sachets de sucre vanillé. Incorporer délicatement la chantilly au fromage blanc. Réserver 2 heures au réfrigérateur.
Peler 3 pamplemousses à vif et prélever les quartiers en éliminant la peau qui les recouvre. Au moment de servir, garnir le fond de tarte de mousse au fromage blanc. Répartir dessus les quartiers de pamplemousse et saupoudrer de 2 cuillerées à soupe de sucre brun.

Garniture amandes. Fouetter 120 g de beurre, 80 g de sucre glace, 4 jaunes d'œufs et 200 g d'amandes en poudre pour obtenir une crème onctueuse dont on garnit le fond de tarte. Saupoudrer d'amandes effilées et mettre au frais jusqu'au moment de servir.
On peut remplacer les amandes par 100 g de noix en poudre et 100 g de noix concassées et garnir le fond de tarte avec de la crème pâtissière prête à l'emploi, mélangée avec les amandes ou les noix.

alsa
sucre vanilliné
arôme artificiel

brownies sans cuisson

Pour 20 brownies
Préparation : 30 minutes
Réfrigération : 2 heures

300 g de chocolat noir fondu
150 g de beurre en petits morceaux
150 g de petits-beurre coupés en dés
100 g d'abricots secs coupés en petits morceaux
50 g de noix de pécan
30 g de grains de riz soufflés

Pour la décoration :
Des cerneaux de noix de pécan

La pâte du gâteau. Tapisser de film alimentaire un moule carré de 18 cm de côté. Faire fondre le chocolat et le beurre au bain-marie. Retirer la casserole du feu dès que le mélange est lisse et ajouter aussitôt les petits-beurre, les abricots, les noix de pécan et le riz soufflé. Bien mélanger. Étaler cette pâte dans le moule sans trop la tasser (pour ne pas écraser les grains de riz) mais en égalisant la surface.
Le repos. Réserver au moins 2 heures au réfrigérateur. Avant de servir, sortir délicatement le gâteau du moule et le couper en carrés après avoir enlevé le film alimentaire.
Décorer de cerneaux de noix de pécan.

carrés aux fruits

Pour 20 carrés
Préparation : 30 minutes
Réfrigération : 1 heure

400 g de crème dessert à la vanille
200 g de spéculos (biscuits au gingembre)
200 g de fruits en bocal (oreillons de pêches ou d'abricots, demi-poires, cerises, prunes)
100 g de beurre
3 cuillerées à soupe de semoule
3 cuillerées à soupe de sirop aux fruits

La base du gâteau. Préparer un moule carré de 20 cm de côté en le tapissant de film alimentaire. Réduire les spéculoos en poudre dans un mixeur. Ajouter le beurre du bout des doigts. Étaler la pâte dans le moule et la tasser avec le dos d'une cuillère. La faire raffermir 1 heure au frais.
Bien égoutter les fruits. Couper en fines tranches les oreillons de pêches et d'abricots et les moitiés de poires. Réchauffer la crème dessert (dans une casserole ou au micro-ondes), verser la semoule et laisser épaissir sans y toucher pendant 5 minutes.
L'assemblage. Démouler le fond de biscuit sur un grand plat carré. Étaler la crème dessus et garnir avec les fruits. Napper de sirop et mettre 1 heure au frigo. Couper en petits carrés avant de servir.

carrés aux gaufrettes

Pour 20 carrés
Préparation : 20 minutes
Réfrigération : 4 heures

200 g de gaufrettes à la vanille
30 cl de lait concentré sucré
80 g de cacao amer
50 g de noix concassées

Les préparatifs. Tapisser de film alimentaire un moule carré de 18 cm. Écraser à la main les gaufrettes en chapelure très grossière.
La crème au chocolat. Verser le lait concentré dans une petite casserole, ajouter le cacao et faire épaissir à peu près 6 minutes à feu doux, en remuant sans cesse.
L'assemblage. Ajouter les noix et les gaufrettes quand le mélange a un peu refroidi.
Verser le tout dans le moule et tasser avec le dos d'une cuillère.
Le repos. Faire prendre au moins 4 heures au réfrigérateur. Découper en petits carrés. Déguster rapidement pour que le chocolat reste bien froid.

carrés au caramel

Pour 20 carrés
Préparation : 45 minutes
Réfrigération : 2 h 30

Pour la base :
200 g de biscuits à la cuillère
1 cuillerée à soupe de cassonade
100 g de beurre ramolli

Pour le caramel :
400 g de lait concentré sucré
50 g de beurre
50 g de sucre roux

Pour le glaçage :
240 g de glaçage au chocolat noir, blanc ou au lait

La base. Réduire les biscuits en poudre au mixeur électrique. Incorporer la cassonade, le sucre roux et le beurre, mélanger assez longtemps. Étaler la pâte dans un moule carré de 20 cm de côté, la tasser avec le dos d'une cuillère pour égaliser la surface et la faire raffermir 30 minutes au réfrigérateur.
Le caramel. Mélanger dans une casserole le lait concentré et le beurre, laisser fondre le beurre à feu doux et porter à ébullition. Continuer la cuisson jusqu'à ce que le caramel soit doré, épais et qu'il se détache des bords de la casserole. Le verser sur le fond de biscuit et remettre 1 heure au réfrigérateur.
Le glaçage. Faire fondre le glaçage au chocolat avant de l'étaler sur le caramel. Laisser durcir au réfrigérateur 1 heure au réfrigérateur.
Au moment de servir. Découper le gâteau en carrés pour servir.

Shopping de Stéphanie Huré

Moline (1, place Saint-Pierre, 75018 - 01 46 06 14 66):
tissus pages 9, 11, 14, 16, 17, 20, 21, 25, 31et 33
Designer's guild (10, rue Saint-Nicolas 75012 - 01 44 67 80 70):
papiers peints p 15, 26 et 30

Suivi d'édition et mise en page Elisabeth Boyer
Motifs de maquette : Chic & artistic

Imprimé en France par Pollina - n° L42828
Dépôt légal n° 85562 - Mai 2007
ISBN : 978-2-501-05437-9
40.4226.3 / 01